Bärenstarke Ferien auf Amrum
Beerenstark feerien üüb Oomram

Komm mit und begleite uns während unseres Urlaubs auf unserer Lieblingsinsel Amrum
und schau, was wir hier so alle gemeinsam erleben können.
*Kom mä an fulge üs widjert üs feerien üüb üüs lefst eilun Oomram
an luke, wat wi hir emsk belewe kön.*

Für alle Kinder, die auf Amrum immer wieder schöne Ferien
mit ihren Freunden verbringen.
*För aler jongen, wat üüb Oomram leewen weder fein feerien
mä hörens frinjer tubring.*

Und das sind wir
An det san wi

Pipo   +   Lea

Toni   +   Finchen   +   Charly

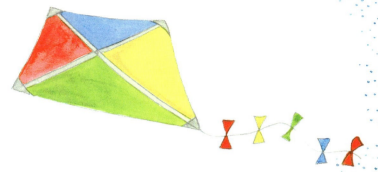

Das ist Charly.

Det as Charly.

Er freut sich schon sehr darauf, dass es nicht mehr lange dauert, bis er mit seinen Geschwistern Toni und Finchen nach Amrum fahren wird.

Hi as bliis, dat at ei muar loong düüret, bit hi mä san bruder Toni an sin saster Finchen efter Oomram raiset.

Er hat sich ein Maßband gebastelt und schneidet jeden Tag eine Zahl ab, damit er weiß, wieviele Tage er noch Geduld haben muß.

Hi hää ham en miatbäänk bastelt an klapt arken dai ian taal uf, dat hi witj, hü föl daar hi noch dülag wees skal.

Endlich ist der Tag der Abreise gekommen. Jetzt nichts vergessen, Strandspielzeug, Drachen und Tennisschläger einpacken und dann kann's losgehen ...

Entelk gongt a rais luas. Bluat niks ferjid, strunspeltjüch, draag an tennisslauer iinpaake an do koon't luas gung ...

Amrum ist eine Insel in der Nordsee, und man muss durch Nordfriesland fahren, um nach Dagebüll zu kommen.
Von dort aus fahren die Fähren nach kurzem Zwischenstopp auf Föhr weiter nach Amrum.

*Oomram as en eilun uun a Nuurdsia, an 'am skal troch Nuurdfresklun keer, am efter Doogebal tu kemen.
Faan diar ütj fäärt at skap auer Fer efter Oomram.*

Damit die lange Fahrt auf der Autobahn nicht langweilig wird, gibt es unterwegs ein Picknick im Grünen. Danach ist es auch nicht mehr weit, und wenn wir schließlich die grünen Deiche mit den vielen Schafen darauf sehen, sind wir schon fast in Dagebüll-Mole.

*Wi skofte onerwais, dat det lung rais ei lungwiilag woort.
Do as det uk ei muar widj an wan wi tu leetst a green diker fol mä sjep sä, san wi al bal üüb Doogebal.*

Von Dagebüll-Mole aus legt die Fähre ab zur Fahrt nach Amrum, vorbei an Inseln und Halligen.
Möwen begleiten unser Schiff, und es weht ein frischer Wind.
Nach zwei Stunden Fahrt liegt der Hafen von Wittdün vor uns.

Faan Doogebal fäärt det skap föörbi eilunen an halgen efter Oomram.
Kuben flä bääft at skap uun, an at weit en frisken winj.
Efter tau stünj siafaard leit a huuwen faan Witjdün föör üs.

Endlich sind wir da! Die Sonne scheint,
wir freuen uns auf den Strand,
die Sonne und das Meer.
Unsere Freunde vom letzten Jahr,
Pipo und Lea, warten schon auf uns,
als wir in der Ferienwohnung ankommen.
Was für eine Begrüßung. Die beiden sind schon
ein paar Tage auf der Insel, und wir freuen uns
alle sehr über unser Wiedersehen.

*Entelk san wi diar! A san skiinjt an
wi frööge üs üüb strun, san an sia.
Pipo an Lea, üüs frinjer faan ferleeden juar,
teew al üüb üs, iar wi uun üüs feerienwenang uunkem.
Wat för en begröötang. Dön bialen san al en paar daar
üüb't eilun, an wi san altumaal bliis, dat wi üs weder määt.*

Jetzt schnell die Koffer auspacken
und dann zum Strand. Wer von uns
ist der Erste mit den Tatzen im Meer?

*Nü gau a kofer ütjpaake an ütj bi strun.
Hoker faan üs as a iarst mä sin klauen
uun't weeder?*

Eimer und Schippe haben wir dabei und wollen direkt am Wasser eine große Burg gegen die Flut bauen. Alle helfen mit, aber die Wellen kommen immer näher und spülen den ganzen Sand zurück ins Meer.

Amer an skofel haa wi mä an wel bi weederskaant en grat borag jin a flud bau. Altumaal halep mä, man a waagen kem leewen naier an speel a hialer sun turag uun't hääf.

Etwas weiter oben bei den Strandkörben kommt das Wasser nicht hin. Hier bauen wir eine neue Sandburg. Wir gehen Muscheln sammeln und verzieren sie damit. Lea und Charly sitzen gemütlich im Standkorb und finden, dass die Burg besonders schön geworden ist.

Man ap tu a strunkurwer komt at weeder ei. Hir bau wi en nei borag. Wi saamle skaalen an bui diarmä üüs borag. Lea an Carly sat meekelk uun hör kurew an finj, dat det borag auer a miaten smok wurden as.

Den ganzen Tag verbringen wir am Stand, aber jetzt gegen Abend bekommen wir einen Bärenhunger. Wir packen unsere Sachen zusammen und kehren zum Abendessen heim. Hmm!! Was schmeckt heute alles lecker! Nach soviel frischer Luft ist der Appetit besonders groß. Müde sind wir später aber noch lange nicht, wir treffen uns abends mit Pipo und Lea auf der großen Wiese zum Fußballspielen.

A hialer dai san wi bi strun, man hen jin inj fu wi en beerenhonger. Wi paake üüs kroom tuup an gung tüs am naachtert. Hmm!! Daalang smääkt ales gud! Efter so föl frisk loft as 'am auer a miaten hongrag. Man träät san wi noch loongen ei, wi määt üs am injem mä Pipo an Lea üüb det grat fään tu futbaal spelin.

Wir wollen die Insel auf eigene Faust erkunden. Amrum gehört zu den nordfriesischen Inseln und ist ungefähr 15 km lang und an der breitesten Stelle 3 km breit. Das Wahrzeichen von Amrum ist sein 68 m hoher Leuchtturm, der von weit her zu sehen ist. Mit dem Bus können wir von Wittdün bis Norddorf fahren, und wenn wir unsere Fahrräder nehmen, dann gibt es auch einen schönen Weg durch den Wald, auf dem wir fahren können.

Wi wel det eilun üüb aanj fist apfinj. Oomram hiart tu a nuurdfresk eilunen an as amanbi 15 km lung an 3 km briad. At woortiaken faan Oomram as a ialtürn, wat 68 m huuch an faan widjen tu sen as.
Mä a bus kön wi faan Witjdün nus keer, an wan wi üüs welen mä nem, do jaft at en smoken wai troch a holtang.

Spaß macht es auch, mit dem Insel-Paul über die Insel zu fahren. In gemächlichem Tempo kommen wir auf dem Weg von Wittdün nach Süddorf an dem großen Leuchtturm vorbei. Wollen wir dort in den nächsten Tagen einmal hochsteigen? Da haben wir bestimmt einen tollen Blick über die Insel. Ah, da ist ja schon die alte Windmühle in Nebel. Im dort untergebrachten Heimatmuseum gibt es viel zu entdecken, aber schaut mal selbst!

Föl plasiar maaget en tuur mä Insel-Paul auer Oomram. Üüb a wai faan Witjdün efter Sössaarep keert hi suutjis bi a grat ialtürn föörbi. Skel wi diar uun a naist daar ans apträäpe? Faan diar koon 'am was widj auer Oomram luke. Uu, diar as jo uk al a ual neebelaanjgen maln. Diar as en museeum uun, huar at föl aptufinjen jaft, man luke ans salew!

Die Insel Amrum hat auch für Sportler viel zu bieten:
Volleyball kann man prima am Strand spielen.
Üüb't eilun jaft at föl mögelkhaiden, sport tu driiwen:
Üüb Kniip koon 'am fein wolibaal spele.

Wo kann man Segeln und Surfen lernen?
Segeln und Surfen lernt man am Norddorfer Strand oder
in Steenodde auf der Ostseite der Insel.
Huar koon 'am siilen an sörfin liar?
Siilen an sörfin liart 'am bi strun uun Noorsaarep
of uun Stianood üüb a uastersidj faan Oomram.

Und neben der Mühle in Nebel gibt es einen richtigen Fußballplatz.
An bi a maln uun Neebel jaft en rochten futbaalplaats.

Finchen möchte heute Fahrrad fahren. Eine Weile geht es den Waldweg entlang, hier ist es nicht so windig. Als wir am Leuchtturm ankommen, stellen wir die Räder ab und schauen über die Dünen. „Seht", ruft Toni, „dort liegt der FKK Campingplatz!"
Entlang des Deiches, vorbei an den Schafen geht's über Seezeichenhafen und Steenodde über das alte Kliff nach Nebel. An der St.-Clemens-Kirche in Nebel lesen wir die Inschriften auf den historischen Grabsteinen.

Daalang maad Finchen wel keer. En tidjloong gongt at troch a holtang. Diar as det ei so winjag. Iar wi bi a ialtürn uunkimen san, stel wi a welen uf an luke auer a dünem. „Sä jam" rept Toni, „diar leit en teltplaats!"
Loongs a dik, fööbi a sjep gongt at auer a huuwen, Stianood an Ual Aanj efter Neebel. Üüb sarkhoof uun Neebel lees wi, wat üüb a ual likstian skrewen stäänt.

Mit einem ausgedehnten Spaziergang durch Nebel lassen wir den Nachmittag ausklingen.
Die vielen reetgedeckten Häuser sehen alle so gemütlich und einladend aus.
Wollen wir uns nicht da vorne hinsetzen, da sind ein paar Plätze frei!

Di leed eftermade keure wi troch Neebel. Al jo smok raidsaaghüsang
sä meekel ütj an looke tu en skoft.
Skel wi üs ei diarföör hensat, diar as noch steeds!

Eine süße Spezialität auf Amrum ist ein Stück Friesentorte aus Blätterteig, Pflaumenmus und Sahne, hmmm, was schmeckt die lecker!

En swet spesialiteet üüb Oomram as en stak plumpai, maaget faan böderdii, plumenmuus an fliatang, hmmm, det smääkt gud.

Wisst ihr, dass in früheren Zeiten in der Vogelkoje Wildenten gefangen wurden? Heute ist daraus ein Naturerlebnisraum geworden. Auf einem Bohlenweg unter schattigen Bäumen und durch blühende Heide umrunden wir den Kojenteich und lernen etwas über die Tier- und Pflanzenwelt in der Heide. Bei der Vogelkoje starten wir unsere Wanderung durch die Dünen.

Witj jam, dat iarjuaren uun a kui wil anen greben wurd?
Daalang koon 'am diar a natüür faan naien belewe. Üüb en holten wai uun a skaad faan buumer an troch bleuen hias luup wi trinjenam a kui an liar wat auer tiiren an plaanten uun a higs. Bi a kui began wi üüs waanrang troch dünem.

In einem Dünental finden wir Reste eines untergegangenen Dorfes aus der Zeit um Christi Geburt und ein Hünengrab aus der Steinzeit. Von dort aus scheint der Weg durch die Dünen endlos zu verlaufen, doch wir erklimmen schließlich die Holztreppen vor dem Quermarkenfeuer und genießen die Aussicht über weite Dünenlandschaft und das Meer.

Uun en dääl finj wi auerbliiwsel faan en onergingen saarep ütj a began faan a tidjreegnang an en grääfkoomer ütj a stiantidj. At liket, üs wan a wai troch dünem nään aanj namt, man tu leetst klemre wi dach en holtträäp ap tu a letj ialtürn an geneet a ütjsicht auer dünem an sia.

IM NATURERLEBNISRAUM VOGELKOJE MEERAM

Wie die alten Friesen auf Amrum lebten, erkunden wir im „Öömrang Hüs". Hier erfahren wir auch etwas über die Geschichte vom Amrumer Kapitän Hark Nickelsen, der nach drei Jahren in der Sklaverei später als Sklavenhändler viel Geld verdiente.

Heute Abend lassen wir uns alle von Traumstunden und Gute-Nacht-Geschichten verzaubern und fühlen uns in alte Zeiten versetzt, in denen es von Hexen und Prinzessinnen nur so wimmelte.

Uun't Öömrang Hüs koon 'am sä, hü a minsken iar üüb Oomram lewet haa. Hir fu wi uk wat faan di öömrang koptein Hark Nickelsen tu hiaren, wat trii juar uun a sklaawerei wiar an leeder mä sklaawenhandel föl jil fersiinet.

Ilang läät wi üs faan dremstünjen an gud naacht teelen betroole an feel üs turagsaat uun ualang tidjen, üs at faan heksen, onerbäänkis, troolen an prensesen man so grimelt.

Beim großen Sommerfest im Mutter-und-Kindheim der AOK im Norddorf dürfen wir natürlich nicht fehlen. Hier ist alles bunt geschmückt, alle sind fröhlich und haben gute Laune und überall ist etwas los. An einem Stand bastelt Charly für sich und Finchen eine Sonnenkappe, Pipo und Toni schicken Ballons auf die Reise, und wir haben viel Spaß auf der großen Hüpfburg.

Bi't grat somerfest faan a AOK mamen an jongen bi nuurd mut wi natüürelk ei waant. Hir as ales bruket buid, altumaal san bliis, san gud aplaanj an aueraal as wat luas. Bi en boosel bastelt Charly för ham an Finchen en sanskirem, Pipo an Toni sjüür loftbalons üüb a rais, an wi haa föl plasiar üüb det grat hopborag.

Auch bei schlechtem Wetter bekommen wir keine Langweile, soll es draußen ruhig regnen und stürmen, im Abenteuerland, dem Kinderparadies im Norddorf, kann man sich den ganzen Tag austoben.

Oder sollen wir in Norddorf ins Kino gehen? Da läuft heute ein spannender Film, den wollten wir uns schon lange gemeinsam ansehen.

Uk bi ring weder fu wi nian lung wiil, bütjen koon't rauag riin an wei, uun't jongensparadiis „Eewentüürlun" bi nuurd koon ham a hialer dai ombi ruutre.

Of skel wi bi nuurd uun't kiino gung? Diar lääpt daalang en intresanten film, wat wi al loogel tuup sä wul.

Es regnet draußen immer noch, macht nix, wir packen unsere Schwimmsachen und gehen ins Amrumer Badeland. Solange im großen Becken keine Wellen kommen, rutschen Charly und Lea immer wieder die lustige Schlangenrutsche herunter, und Pipo passt auf Toni auf, denn er kann noch nicht sicher schwimmen.

Bütjen rinjt at leewen noch, man det maaget niks. Wi paake üs baaseboksen iin an gung uun't „Öömrang Baaselun". Wan uun't grat bale nian waagen kem, slidjre Charly an Lea leewen weder det spoosag slaangen-slidjris deel, an Pipo aachtet üüb Toni, auer hi noch ei rocht swääm koon.

Üüb a waier tesken Noorsaarep an Sössaarep
koon 'am herelk ridj. Toni's poni as wat ferfreeden, an
Lea skal leewen üübpaase, dat at ei tu geesagin stunen blaft.

Charly dremt diarfaan, uk ans bi't ringridjen mätumaagin.
Det as sant at madeläälerns traditsjuun üüb Oomram.
A best ridjers skel uun en wäädstridj mä en lens uun a sprüng
en letjen ring draap, wat bi en liin auer a ridjboon hinget.
Charly, dü skel noch en betj ööwe, amende
woorst dü do naist juar könang.

Auf den Wegen zwischen Nord-und Süddorf kann man wunderbar ausreiten. Toni's Pony ist etwas verfressen, Lea muss aufpassen, dass es nicht immer zum Grasen stehen bleibt.

Charly träumt davon, auch mal beim Ringreiten mit zu machen. Das ist seit dem Mittelalter Tradition im Sommer auf Amrum. Die besten Reiter messen sich, indem sie mit einer Lanze im vollen Galopp einen kleinen Ring treffen müssen, der an einem Seil über der Reitbahn aufgehängt ist.

Charly, du musst noch ein bisschen üben, vielleicht wirst du dann nächstes Jahr Ringreiterkönig!

Das nordfriesische Wattenmeer ist etwas ganz Besonderes. Zweimal täglich ist Flut und zweimal Ebbe. Bei Flut wird das Wattenmeer überschwemmt, bei Ebbe fällt es trocken, und man kann das Watt nicht nur sehen, sondern auch betreten.

A nuurdfresk waas as wat hial apartages. Tweisis a dai as flud an tweisis as ääb. Bi flud woort a waas auerswäämd, an bi ääb fäält at drüg, an 'am koon a waas ei bluas beluke, 'am koon ham uk beluup.

Heute morgen sind wir alle von Norddorf aus 6 Kilometer durch das Watt nach Dunsum auf Föhr gewandert. Wir haben sogar den Leuchtturm von Hörnum auf Sylt gesehen. Auf Föhr fuhren wir dann mit dem Bus nach Wyk und später mit dem Schiff zurück nach Wittdün. Im Carl-Zeiss-Naturzentrum in Norddorf finden wir nochmal viele Informationen rund um das Wattenmeer mit all seinen Lebewesen. Haben wir genau diese Muscheln und Schnecken nicht vorhin im Schlick gesehen?

Maarlang san wi altumaal faan Noorsaarep sääks kilomeeter troch a waas efter Dunsem üüb Fer waanert. Wi haa sogoor a ialtürn faan Hörnem üüb Sal sen. Üüb Fer keerd wi do mä a bus efter a Wik an leeder mä at skap turag efter Witjdün.
Uun't Carl-Zeiss-Natüürsentrum bi nuurd fu wi noch ans föl neis faan at leewent uun a waas tu weden.
Haa wi ei jüst a salew skaalen an an höntjen tuföören uun a waas sen?

Die Sonne scheint wieder, und heute ist es richtig heiß, es sind fast 30°C. Wir verbringen den ganzen Tag am Strand, dort kann man die Hitze gut aushalten.

Daalang skiinjt a san weder, an mä bal dörtag graad as at rocht hiat. Wi bliiw a hialer dai bi strun, diar koon 'am a hatj gut ütjhual.

Das Piratenschiff in Wittdün am Stand wurde von uns gekapert, wir üben hier das Piratenleben, denn morgen gehen wir richtig auf große Fahrt!

At siaruuwerskap uun Witjdün bi strun wurd faan üs aprboocht.
Wi ööwe hir at siaruuwerleewent, amdat wi maaren üüb grat faard gung wel!

Ahoi! Mit der „MS Eilun" geht es heute auf Piratenfahrt! Wir begleiten den Piraten Gräbiard und seinen Kapitän Sanerbiard hinaus auf See. Als angehende Piraten müssen wir Seemannsknoten lernen und echte Seemannslieder singen.
In einer geheimnisvollen Flaschenpost entdecken wir eine alte Schatzkarte und begeben uns auf Schatzsuche. Am Ende dieser spannenden Abenteuerfahrt kehren wir mit einem echten Kapernbrief in unseren Heimathafen Wittdün zurück.

Ahoi! Mä a „MS Eilun" gongt at daalang üüb kaaperfaard! Wi faar mä a siaruuwer Gräbiard an san koptein Sanerbiard ütj üüb sia. Wan wi siaruuwers wurd wel, skel wi knooter liar an rocht siamaanssjantiis sjong. Uun en riadlisfolen butel finj wi en ual skatkoord an began, efter di skat tu sjüüken. At aanj faan das apreegend eewentüürrais kem wi mä en rochten kaaperbriaf tüs efter a huuwen faan Witjdün.

Souvenirs

Im Souvenirgeschäft gibt es viel zu entdecken. Wir kaufen Postkarten für Oma und Opa Bär und überlegen, was wir unseren Freunden zu Hause mitbringen können. Reicht das Taschengeld wohl noch für ein neues Segelboot?

Uun a suweniirlooden jaft at föl aptufinjen. Wi kuupe postkoorden för oome an ualaatj Beer an auerlei, wat wi üs frinjer aran mäbring kön. Lingt at skrääpjil wel för en nei siilskap?